Anke Hennig | Sabine Willmeroth

# Weihnachts-Werkstatt für das 3. Schuljahr

Verlag an der Ruhr

# Impressum

**Titel**
*Weihnachts-Werkstatt für das 3. Schuljahr*

**Autorin**
Anke Hennig, Sabine Willmeroth

**Titelbildmotiv**
© Trina Morford – Fotolia.com

**Illustrationen**
Bettina Weyland u. a.

**Satz und Layout**
Melanie Reich, ideenreich

**Verlag an der Ruhr**
Mülheim an der Ruhr
www.verlagruhr.de

**Geeignet für die Klasse 3**

**Unser Beitrag zum Umweltschutz:**
Wir sind seit 2008 ein ÖKOPROFIT®-Betrieb und setzen uns damit aktiv für den Umweltschutz ein. Das ÖKOPROFIT®-Projekt unterstützt Betriebe dabei, die Umwelt durch nachhaltiges Wirtschaften zu entlasten. Unsere Produkte sind grundsätzlich auf chlorfrei gebleichtes und nach Umweltschutzstandards zertifiziertes Papier gedruckt.


**ISBN 978-3-8346-2605-9**

**Printed in Germany**

# Inhaltsverzeichnis

# Lehrerinformationen

„Alle Jahre wieder ...“ feiern wir Advent und Weihnachten. Ob die Adventszeit eine besinnliche, ruhige und schöne Zeit wird oder ob der Weihnachtsstress ausbricht, hängt davon ab, wie bewusst wir diese ganz besondere Zeit gestalten.
Den Kindern erscheint die Wartezeit, bis das Christkind endlich kommt, sehr lang. Es ist darum wichtig, diese Zeit mit Geschichten, Gedichten, dem Basteln von Geschenken und Festvorbereitungen sinnvoll zu füllen.
In den Fachbereichen Deutsch, Musik, Kunst, Religion, Mathematik, Sachunterricht und Englisch möchten wir Ihnen und Ihren Kindern fächerübergreifend Zugänge zur Advents- und Weihnachtszeit anbieten.
Unserem Materialangebot ist vom Ansatz her ein offenes Arbeiten zugrunde gelegt, wie es beispielsweise in Form einer Lernwerkstatt zu realisieren ist. Dem Grundsatz der Handlungsorientierung entsprechend, bestehen die Angebote nicht nur aus „Papier“, sondern eröffnen den Kindern auch Möglichkeiten zum handelnden Umgang mit vielen Dingen. Bei der Arbeit in der Werkstatt entstehen so Weihnachtsschmuck für die Klasse, kleine Geschenke für Eltern und Freunde oder auch Programmpunkte für eine gemeinsame Feier.
Einen Gesamtüberblick über alle Angebote erhalten die Kinder über den Arbeitsplan (S. 10), der jedem Kind zu Beginn der Werkstatt ausgehändigt werden sollte. Pflicht- und Wahlaufgaben bestimmen Sie selber. Es empfiehlt sich, Bastelarbeiten, die dem Schmuck der Klasse oder dem Herstellen eines Adventskalenders dienen, als Pflichtaufgabe zu markieren oder einiges davon mit allen gemeinsam zu basteln.

## Zum Umgang mit der Werkstatt

Damit die Kinder mit den Arbeits- und Lernmaterialien möglichst selbstständig umgehen können, existiert zu jedem Angebot ein Arbeitsblatt mit der Arbeitsanweisung oder eine Auftragskarte. Die Auftragskarte enthält stets folgende Angaben:

1. Titel des Angebotes
2. Angaben zum benötigten Material
3. Arbeitsauftrag

### Gemeinsame Aktivitäten

Wir haben es als positiv erfahren, die Werkstattarbeit jeweils mit einer gemeinsamen Aktivität zu beginnen oder zu beenden, um die Kinder zu sammeln, den Erfahrungsaustausch anzuregen oder gemeinsame Bastelarbeiten oder Versuche anzulegen. In diesen Phasen können entstandene Geschichten vorgelesen, Lieder und Gedichte für die Feier geübt oder fertige Bastelarbeiten gewürdigt werden.

### Checkliste zur Vorbereitung

Damit Sie und die Kinder einen problemlosen Einstieg in die Weihnachts-Werkstatt haben, sollten Sie die Materialien wie folgt vorbereiten:

1. Auftragskarten kopieren und ggf. laminieren.
2. Arbeitsblätter und Textblätter kopieren und in Ablagekörbe sortieren, Arbeitsanweisung dazulegen (Textblätter am besten wiederverwendbar laminieren).
3. Material besorgen

## Informationen zu den einzelnen Bereichen

## Deutsch

### Weihnachtswünsche (S. 11)

Die Kinder lesen das Gedicht von Helmut Zöpfl. Hier geht es um Wünsche, die nicht man nicht kaufen kann. Die Kinder üben das Gedicht betont vorzutragen. Gemeinsam mit mehreren Kindern kann das Gedicht strophenweise auswendig gelernt und bei einer Adventfeier vorgetragen werden.

### Adventsgeschichte schreiben (S. 12)

Die Kinder schreiben frei eine Adventsgeschichte zu den gegebenen Impulsüberschriften, die sie auswählen oder zu einer Überschrift, die sie selber erfinden.
Lassen Sie die Kinder ihre Geschichten in einer Lesekonferenz vorstellen und Überarbeiten. Zum Abschluss können die Geschichten in einer Leserunde oder bei der Weihnachtsfeier vorgetragen werden. Sie können mit den Kindern aber auch Geschichtenmappen gestalten und allen Eltern als Geschenk übergeben.

### Wunschzettel schreiben (S. 12/13)

Alle Kinder schreiben gerne Wunschzettel an das Christkind. Sie sollen diesmal aber auch auf ihre Rechtschreibung achten, beziehungsweise den fertigen Wunschzettel rechtschriftlich überarbeiten. Dazu sollten sie das Wörter-

# Lehrerinformationen

buch, aber auch Prospekte verwenden, um die Eigennamen der Spielekonsolen und technischen Geräte, die sie sich wünschen richtig zu schreiben.
Zunächst wird der Wunschzettel auf normales Papier vorgeschrieben, dann mit einem Partnerkind überarbeitet und schließlich zur Kontrolle bei dem Lehrer abgegeben. Sie entscheiden individuell, inwieweit Sie Fehler verbessern oder das Kind selber noch einmal überarbeiten lassen.
Ist der Wunschzettel richtig geschrieben wird er auf das Schmuckblatt übertragen und darf zu Hause abgegeben werden.

### 24 gute Taten – eigenes Gedicht schreiben (S. 14–17)

Zu diesem Angebot finden sie zwei Auftragskarten.
*Auftrag 1:*
Die Kinder lesen das Gedicht von Elke Bräunling „24 gute Taten". Sie können den Gedichtvortrag üben und das Gedicht so wie es ist bei einer Weihnachtsfeier betont vortragen.

*Auftrag 2:*
Darüber hinaus sollen die Kinder zu diesem Gedicht „24 gute Taten" eine oder mehrere Strophen selber erfinden. Dazu benötigen sie einen Ideenspeicher, den sie zu viert mit Hilfe eines Placemats anlegen, bevor sie am Gedicht arbeiten.
Vier Kinder sitzen am Gruppentisch und benötigen die Placematvorlage (S. 16). Idealerweise vergrößern Sie diese Vorlage auf DIN-A3-Format. Dann lässt sich besser auf dem Feld schreiben. Sehr gerne arbeiten Kinder dabei auch auf dem Boden.
Das Feld in der Mitte bleibt frei. Jedes Kind schreibt in das freie Feld vor ihm. Die Kinder sammeln „gute Taten", die sie für Mama, Papa, Geschwister, Nachbarn etc. tun könnten. In dieser ersten Phase arbeitet jeder für sich selbst ohne beim Nachbarn zu schauen, um möglichst viele unterschiedliche Ideen zu finden. Anschließend liest ein Kind seine Ideen vor und schreibt sie in das freie Feld in der Mitte. Die anderen Kinder streichen gleiche Idee in ihren Feldern durch. Das nächste Kind ergänzt seine Ideen auch im Feld in der Mitte. Wenn alle Kinder an der Reihe waren, enthält das Feld in der Mitte alle Ideen der vier Kinder. Die Ränder können abgeschnitten werden und die Ideensammlung kann zur Weiterarbeit verwendet werden. Mit Hilfe der Ideensammlung kann nun ein Parallelgedicht vorgeschrieben und in der Kleingruppe überarbeitet werden. Ist das Gedicht auch rechtschriftlich korrekt, kann es auf das Arbeitsblatt (S. 17/18) übertragen werden. Die Kinder können den Gedichtvortrag üben und beide Gedichte bei einer Weihnachtsfeier betont vortragen oder verschenken.

### Plätzchen backen und den Vorgang beschreiben (S. 19–22)

Was wäre die Adventszeit ohne selbst gebackene Plätzchen. Sie finden hier drei einfache Rezepte (Mandelhäufchen, Ausstechplätzchen und Spritzgebäck), die von einzelnen Schülergruppen (vielleicht mithilfe eines rwachsenen) gebacken werden können.
Es bietet sich an, die Plätzchen in der Schule herzustellen und sie zu Hause von einem Elternteil abbacken zu lassen. Falls dieses Elternteil nicht zu weit von der Schule entfernt wohnt, können die Plätzchen fast noch warm verspeist werden. Vielleicht sollen sie aber auch für die Weihnachtsfeier verwahrt werden.
Auf einer zweiten Auftragskarte finden Sie einen Schreibauftrag für eine Vorgangsbeschreibung. Wurden die Plätzchen tatsächlich gebacken, können die Kinder mit Hilfe des jeweiligen Rezeptes ihr vorgehen beschreiben.
Wurden die Plätzchen nicht selber gebacken kann auch eine Vorgangsbeschreibung in der „man-Form" oder im Imperativ geschrieben werden. Lassen Sie die Kinder ihre Texte in einer Lesekonferenz vorstellen und Überarbeiten.

## Basteln / Kunst

### Adventskalender – „Wir erfüllen Wünsche"

*(Hinweis: Zu diesem Kalender gibt es keine Auftragskarte.)*
Bei diesem Adventskalender geht es nicht um materielle Geschenke, sondern darum, dass die gesamte Klasse die Adventszeit schön gestaltet und bewusst erlebt. Als Geschenke werden darum Lieder, Vorlesegeschichten und Spiele eingesetzt.
Alle Kinder schreiben ihren Namen auf ein kleines Kärtchen, das Sie vorbereiten. Alle Namen kommen in einen Beutel oder eine Kiste. Am ersten Tag zieht der Lehrer einen Namen, danach zieht immer das Kind, das als letztes gezogen hat. Das Kind, dessen Namen gezogen wird, darf sich aus einem Repertoire, das Sie vorher mit den Kindern festlegen ein weihnachtliches Lied, ein Spiel oder das Vorlesen einer Geschichte wünschen.

# Lehrerinformationen

### Tischlaterne „Geschenk“ (S. 23/24)

Die Kinder basteln selbstständig Tischlaternen.
Die Schablonen für den Geschenkumriss und die Schleife müssen vorbereitet werden.
Die fertigen Tischlaternen können auf der Fensterbank, bei besinnlichen Sitzkreisen oder auch bei Weihnachtsfeiern als Dekoration verwendet werden. Sie eignen sich jedoch auch zusätzlich als Elterngeschenk.
Nutzen Sie zur Beleuchtung ungefährliche LED-Teelichter, die es inzwischen überall günstig zu kaufen gibt.

### Gutscheine als Elterngeschenk gestalten (S. 25/26)

Zum Thema Schenken und beschenkt werden gestalten die Kinder als Elterngeschenk ein Gutscheinheft, in dem sie ihre Hilfe für kleine Arbeiten und Erledigungen zu Hause verschenken. Die Eltern können die einzelnen Gutscheine so einlösen, wie sie die versprochene Hilfe benötigen. Es bietet sich an, in einem gemeinsamen Gespräch mit den Kindern sinnvolle Hilfen zu überlegen und zu sammeln. Die Auftragskarte gibt bereits etliche Beispiel vor, sie kann aber ergänzt werden.
Die Gutscheine werden auf die Kopiervorlage S. 26 geschrieben und können zu einem kleinen Heftchen gebunden werden. Sie können in einem gestalteten Briefumschlag verschenkt werden.

## Musik / Aufführung

Es steht ein Lied „Weihnachtszeit“ und ein Rollenspiel zur Verfügung, die das Thema „Schenken und beschenkt werden“ aufnehmen.

### Rollenspiel „Friederichs Weihnachtsbescherung“ (S. 27–29)

Dieses kleine Theaterstück lässt sich sehr schön als Höhepunkt einer Adventsfeier aufführen. Auch hier geht es um immaterielle Wünsche, nämlich um Zuwendung und Zeit verbringen. Die Rollen sollten doppelt oder dreifach vergeben werden, damit alle Kinder mitüben können und auch bei Krankheit einzelner Kinder gespielt werden kann. Das Auswendiglernen, betont Sprechen und Vortragen sind auch wichtige Kompetenzen im Fachbereich Deutsch. Das Stück muss mehrfach gemeinsam geprobt werden.

### Weihnachtszeit (S. 30)

Neben dem Singen dieses Liedes sollen sich die Kinder auch mit dem Liedtext auseinander setzen und dazu malen. Darüber hinaus kann der Lesevortrag geübt werden und das Lied auch als Gedicht vorgetragen werden. Ein weiteres passendes Lied, das das Thema „Schenken und beschenkt werden“ aufnimmt ist das bekannte Lied „Sei gegrüßt lieber Nikolaus“ von Detlef Jöcker, CD: Hört ihr alle Glocken läuten.

## Sachunterricht

### Plätzchen backen (S. 20–22)

Was wäre die Adventszeit ohne selbst gebackene Plätzchen. Sie finden hier drei einfache Rezepte (Mandelhäufchen, Ausstechplätzchen und Spritzgebäck), die von einzelnen Schülergruppen (vielleicht mit Hilfe eines Erwachsenen) gebacken werden können.
Es bietet sich an, die Plätzchen in der Schule herzustellen und sie zu Hause von einem Elternteil abbacken zu lassen. Falls dieses Elternteil nicht zu weit von der Schule entfernt wohnt, können die Plätzchen fast noch warm verspeist werden. Vielleicht sollen sie aber auch für die Weihnachtsfeier verwahrt werden.
Dieses Lernangebot steht in unmittelbarer Verbindung zum Angebot „Kosten für Plätzchen berechnen“ (S. 44/45), da beiden Angeboten die gleichen Rezepte zugrunde liegen. Aus diesem Grund empfiehlt es sich, das vorliegende Gruppenangebot erst nach der Bearbeitung des Lernangebots „Kosten für Plätzchen berechnen“ in Angriff zu nehmen. So können die Kinder beispielsweise einen dem Angebot angepassten Einkaufszettel erstellen und besser abwägen, wie viel Geld sie für den Einkauf benötigen.
Falls sie die Plätzchen z. B. im Rahmen eines Weihnachtsbasars verkaufen wollen, könnten die Kinder außerdem nach dem Backen zählen, wie viele Plätzchen sich aus dem Rezept ergeben, und in Verbindung mit den berechneten Gesamtkosten des Lernangebots „Kosten für Plätzchen berechnen“, den Verkaufspreis zum Selbstkostenpreis gut ermitteln.

# Lehrerinformationen

## Religion und Brauchtum

Die Kinder beschäftigen sich mit dem Thema „Nikolaus und Weihnachtsmann“ und erkennen anhand der drei gegebenen Texte, dass eine Entwicklung vom Nikolausbrauchtum zum Weihnachtsmann stattgefunden hat. Parallel dazu wurden die Tage, an denen die Kinder beschenkt wurden im Laufe der Geschichte und unter dem Einfluss der Reformation immer wieder geändert.

### „Wer war Sankt Nikolaus?“ (S. 32/33)

Mit Hilfe dieses Textes spüren die Kinder der realen Gestalt des Nikolaus nach und erkennen, dass sich mehrere Überlieferungen in dieser Gestalt vereinen.

### „Wer ist der Weihnachtsmann“ (S. 34/35)

Mit Hilfe dieses Textes erfahren die Kinder die Veränderung des Nikolaus zum Weihnachtsmann im Zusammenhang mit der Auswanderung er Menschen nach Amerika.

### „Rund um die Geschenke“ (S. 36/37)

Mit Hilfe dieses Textes verstehen die Kinder, dass sich die Geschenktage im Laufe der Geschichte verändert haben. Waren durch die Reformation die Geschenktage für katholische und evangelische Kinder verschieden, so werde heute alle christlichen Kinder an beiden Tagen beschenkt.

### Abschlusstest (S. 38)

Mit Hilfe des Abschlusstestes lässt sich das gewonnen Wissen überprüfen.
Das Thema „Nikolaus und Weihnachtsmann“ kann sehr gut mit Hilfe eines Gruppenpuzzles erarbeitet werden. Das Gruppenpuzzle gehört zu den kooperativen Lernmethoden und ist immer dann gut einsetzbar, wenn sich Unterrichtsinhalte in mehrere Themengebiete zerlegen lassen und Informationen effektiv vermittelt werden sollen. Dabei lernen die Kinder, sich ein Themengebiet zunächst selbstständig zu erarbeiten und sich mit Experten zum gleichen Themengebiet auseinander zu setzen, um dann andere Kinder im erworbenen Wissensgebiet zu unterrichten. Das Gruppenpuzzle zum Thema „Nikolaus und Weihnachtsmann“ ist in die drei Themengebiete „Wer war Sankt Nikolaus?“ (A), „Wer ist der Weihnachtsmann?“ (B) und „Rund um die Geschenke“ (C) eingeteilt.

**So funktioniert das Gruppenpuzzle:**
Die Kinder wählen zunächst ein Themengebiet, das sie interessiert und tragen sich in eine entsprechende Liste (S. 31) ein.
Sind die Listenplätze erschöpft, kann sich kein Kind mehr für diese Gruppenpuzzle eintragen. Wohl kann ein neues Puzzle eröffnet werden. Das sollten Sie als Lehrkraft aber festlegen.

**Beispielliste:**

| | A | B | C |
|---|---|---|---|
| SG 1 | 1. | 1. | 1. |
| SG 2 | 2. | 2. | 2. |
| SG 3 | 3. | 3. | 3. |
| SG 4 | 4. | 4. | 4. |
| SG 5 | 5. | 5. | 5. |
| | Experten A | Experten B | Experten C |

Im vorliegenden Fall ist die Liste für ein Gruppenpuzzle mit 15 Kindern ausgelegt. Das heißt ab dem 16. Kind müssen Sie ein neues Gruppenpuzzle eröffnen. Sie können die Anzahl der Kinder pro Gruppenpuzzle jedoch auch reduzieren bzw. erhöhen, indem sie die Anzahl der Stammgruppen (hier: Zeilen) reduzieren bzw. erhöhen. Die Anzahl der Mitglieder einer Stammgruppe und damit die Anzahl der Expertengruppen (hier: Spalten) bestimmt sich hingegen aus den drei Themengebieten und ist somit festgelegt.
Die Kinder, die an der ersten Stelle bei A, B und C stehen, bilden die „Stammgruppe 1“ (siehe grau schraffierte Fläche in der Beispielliste). Die Kinder an der zweiten, dritten Stelle etc. bilden entsprechend die „Stammgruppe 2“, „Stammgruppe 3“ etc.

| | A | B | C |
|---|---|---|---|
| SG 1 | 1. | 1. | 1. |
| SG 2 | 2. | 2. | 2. |
| SG 3 | 3. | 3. | 3. |
| SG 4 | 4. | 4. | 4. |
| SG 5 | 5. | 5. | 5. |
| | Experten A | Experten B | Experten C |

Zunächst bearbeitet jedes Kind den Infotext zum eigenen gewählten Themengebiet selbstständig und in Einzelarbeit.

# Lehrerinformationen

Dabei können die Kinder in der Stammgruppe sitzen, müssen es aber nicht. Anschließend treffen sich alle Kinder, die das Themengebiet A bearbeitet haben in einer „Expertengruppe A“ (siehe grau schraffierte Fläche in der Beispielliste). Ebenso arbeiten die Kinder des Themengebietes B und C.

| | A | B | C |
|---|---|---|---|
| SG 1 | 1. | 1. | 1. |
| SG 2 | 2. | 2. | 2. |
| SG 3 | 3. | 3. | 3. |
| SG 4 | 4. | 4. | 4. |
| SG 5 | 5. | 5. | 5. |
| | Experten A | Experten B | Experten C |

In der Expertengruppe klären sie ihre Fragen und besprechen, was sie gelernt haben. Sie überlegen wie man den Inhalt ihres Themengebietes den anderen näher bringen kann.
Ist eine Strategie erarbeitet bzw. fühlen sie sich in ihrem Themengebiet sicher, gehen sie zurück in die Stammgruppen und unterrichten dort die jeweils anderen Schüler über das eigene Wissensgebiet.
Am Ende kann für alle ein abschließender Test stehen, der zeigt, ob die Kinder die Inhalte der jeweils anderen Wissensgebieten auch verinnerlicht haben.
Für das Gruppenpuzzle sollten Sie mindestens ein bis zwei Schulstunden einplanen. Ist Ihre Lerngruppe bereits mit Gruppenpuzzle vertraut, kann sie das Gruppenpuzzle mithilfe der Auftragskarte und dem zugehörigen Arbeitsmaterial selbstständig durchführen. Andernfalls sollten sie das Gruppenpuzzle mit der Lerngruppe bzw. einem Teil der Lerngruppe schrittweise gemeinsam durchgehen. Die Auftragskarte dient den Kindern in diesem Fall als helfende Orientierung.

## Mathematik

### Wer wünscht sich was? – Logicals (S. 40/41)

Logicals sind Rätsel, die nur durch genaues Lesen und logisches Schlussfolgern gelöst werden können. Die aufgelisteten Informationen müssen oft mehrfach gelesen werden, da sie teilweise erst in Verbindung mit einer späteren Information genutzt werden können. Bei der Bearbeitung ist es hilfreich, die Informationen, die bereits eindeutig in die Tabelle eingeordnet werden konnten, in der Liste abzuhaken. Auf diese Weise brauchen sich die Kinder anschließend nur noch auf die noch nicht verwendetenInformationen konzentrieren. Manchmal trauen sich Kinder die Logicals nicht zu. Es kann sehr hilfreich sein, wenn Kinder in Partnerarbeit die Rätsel lösen.
Es liegt eine leichtere (——●) und eine schwierigere Variante (—●—●) zur Differenzierung vor.

### Weihnachtswünsche einer Klasse (S. 42)

Der Arbeitsauftrag befindet sich auf dem Arbeitsblatt. Auf eine spezielle Auftragskarte wird daher verzichtet. Möchten Sie jedoch jedes Lernangebot mit einer Auftragskarte versehen, können Sie ein Arbeitsblatt zusätzlich kopieren und laminieren, um es als Auftragskarte an das Lernangebot zu hängen bzw. legen.
Das Arbeitsblatt kann mit Hilfe des Kontrollblattes von den Kindern selbst kontrolliert werden. Stellen Sie den Kindern dafür das Kontrollblatt am Lernangebot oder im Rahmen einer Kontrollstation zur Verfügung.
Bei der Bearbeitung des Arbeitsblattes entnehmen die Kinder dem Diagramm Daten und ziehen diese zur Beantwortung mathematikhaltiger Fragen heran. In diesem Zusammenhang bietet es sich an, dass die Kinder auch die Weihnachtswünsche ihrer eigenen Klasse gemeinsam sammeln und in einem Diagramm darstellen. Auf diese Weise wird die Lebenswirklichkeit der Kinder sinnvoll in den Unterricht einbezogen und der Bereich „Daten“ mit der Datenerhebung und -darstellung grundschuladäquat abgerundet.

### Bezahlbare Wünsche!? (S. 43)

Dieses Lernangebot steht bewusst in unmittelbarem Zusammenhang mit dem Angebot „Wunschzettel“. Auf diese Weise setzen sich die Kinder mit ihren eigenen Konsumwünschen auseinander und werden sich dabei besonders der Bedeutung von Einkommen/Geld für die Erfüllung ihrer Wünsche gewahr.
Für die erfolgreiche Bearbeitung dieses Lernangebotes sollten Sie im Vorfeld gemeinsam mit den Kindern eine Sammlung aktueller Kataloge oder Prospekte von Kaufhäusern, Versandhäusern, Spielwaren etc. anlegen.
Stehen den Kindern in der Klasse Computer für die Internetrecherche zur Verfügung, sollte ihnen aus Sicherheitsgründen auch der Umgang mit dem Internet vertraut sein.
Der Arbeitsauftrag befindet sich auf dem Arbeitsblatt. Auf

# Lehrerinformationen

eine spezielle Auftragskarte wird daher verzichtet. Möchten Sie jedoch jedes Lernangebot mit einer Auftragskarte versehen, können Sie ein Arbeitsblatt zusätzlich kopieren und laminieren, um es als Auftragskarte an das Lernangebot zu hängen bzw. legen.

**Lösung:**

1. Zeile: Rot, Grün, Blau
2. Zeile: Fahrrad, Handy, Ring
3. Zeile: Leon, Luise, Alina

### Teigmenge berechnen (S. 46)

Der Arbeitsauftrag befindet sich auf dem Arbeitsblatt. Auf eine spezielle Auftragskarte wird daher verzichtet. Möchten Sie jedoch jedes Lernangebot mit einer Auftragskarte versehen, können Sie ein Arbeitsblatt zusätzlich kopieren und laminieren, um es als Auftragskarte an das Lernangebot zu hängen bzw. legen.
Die Ergebnisse dieses Arbeitsauftrages können mit Hilfe des Kontrollblattes von den Kindern selbst kontrolliert werden. Stellen Sie den Kindern dafür das Kontrollblatt am Lernangebot oder im Rahmen einer Kontrollstation zur Verfügung.

### Kosten für Plätzchen berechnen (S. 44/45)

Bei diesem Lernangebot wurde bewusst das Rezept zugrunde gelegt, nach dem die Kinder auch die Knetteigplätzchen des Lernangebotes „Plätzchen backen" backen werden. Auf diese Weise setzen sich die Kinder bewusster mit den handelsüblichen Verpackungsgrößen/-mengen sowie Kosten des Einkaufs bzw. der gebackenen Plätzchen auseinander.
Der Arbeitsauftrag befindet sich auf dem Arbeitsblatt. Auf eine spezielle Auftragskarte wird daher verzichtet. Möchten Sie jedoch jedes Lernangebot mit einer Auftragskarte versehen, können Sie ein Arbeitsblatt zusätzlich kopieren und laminieren, um es als Auftragskarte an das Lernangebot zu hängen bzw. legen.
Im Sinne des kompetenzorientierten Unterrichts kommen bei diesem Lernangebot differenzierte Tippkarten zum Einsatz. Der Grad der Hilfestellungen durch die Tippkarten steigert sich sukzessiv von Karte zu Karte und ermöglicht den Kindern, sich die Lösungen eigenständig und mit an ihre individuellen Bedürfnisse angepassten Hilfestellungen (nach dem Motto „So wenig wie möglich, aber so viel wie nötig!") zu erarbeiten. Die Kinder sollten bei Schwierigkeiten daher zunächst lediglich Tippkarte 1 heranziehen und versuchen, die Aufgabe mit Hilfe dieses Tipps zu lösen. Erst wenn ihnen dies nicht gelingt, schauen sie sich Tippkarte 2 usw. an.
Ein Teil der Aufgaben kann mit Hilfe des Kontrollblattes von den Kindern selbst kontrolliert werden. Stellen Sie den Kindern dafür das Kontrollblatt am Lernangebot oder im Rahmen einer Kontrollstation zur Verfügung.

## Englisch

### Pocketbook „Father Christmas" (S. 46–48)

Pocketbooks sind besonders geeignet das Sprach- und Leseverständnis der Kinder zu entwickeln. Sehr gerne gestalten Kinder diese kleinen Büchlein auch in eigener Regie mit dem erlernten Wortschatz und festigen damit auch Wortbilder.
Hinweis: Auf S. 47 finden Sie diese Anleitungen in Bildform. Diese ermöglicht es vielen Kindern weitere Pocketbooks alleine zu falten. Beim ersten Mal jedoch benötigen die meisten Kinder Hilfe. Bestimmen Sie für diese Aufgabe ggf. einen oder mehrere Experten.

## Adventsfeier planen

*(Hinweis: Hierzu enthält die Werkstatt keinen Arbeitsauftrag für die Klasse.)*
Übergeben Sie Ihren Kindern bzw. Kleingruppen die Planung der Adventfeier. Mit etwas Hilfestellung schaffen Kinder das sehr gut und lernen dabei ganz viel. Klären Sie beispielsweise im Klassengespräch, was für eine Adventsfeier alles benötigt wird und wer dies umsetzt. Hier einige Impulsfragen: Wer schreibt die Einladungen? Wie schmücken wir den Raum? Gibt es etwas zu Essen und zu Trinken? Welches Programm hat die Weihnachtsfeier? Wer schreibt kleine Texte zur Begrüßung der Gäste und für die Ansagen zwischendurch? Wer kann etwas präsentieren? Wer kümmert sich um die Organisation von …

# Mein Arbeitsplan

Arbeitsblatt

**von:** ........................................................................................

| Angebot | erledigt am … | Es fiel mir … | | | Kontrolle |
|---|---|---|---|---|---|
| | | ☺ | 😐 | ☹ | |
| | | | | | |
| | | | | | |
| | | | | | |
| | | | | | |
| | | | | | |
| | | | | | |
| | | | | | |
| | | | | | |
| | | | | | |
| | | | | | |
| | | | | | |
| | | | | | |
| | | | | | |
| | | | | | |
| | | | | | |
| | | | | | |
| | | | | | |
| | | | | | |
| | | | | | |

# Gedicht: Weihnachtswünsche

Arbeitsblatt

**So geht es:**

1. Lies das Gedicht.
2. Übe, das Gedicht betont vorzutragen.
3. Suche dir Mitschüler, die das Gedicht mit dir vortragen.
   Verteilt die Sätze und übt den Vortrag.

## Weihnachtswünsche

Ich wünsch mir einen langen Tag, ganz ohne alle Uhren,
und auch Erwachsene, die nicht stets auf Termine luren.

Ich wünsch mir Papa mit viel Zeit für mich und meine Fragen
und dass Erwachsene nicht so oft nur jammern oder klagen.

Ich wünsch mir, dass man mich mal fragt,
warum ich manchmal weine.

Ich wünsch mir, dass man mir mal sagt:
„Ich mag dich, meine Kleine!"

Ich wünsch mir, dass man nicht stets mahnt:
„Nicht jetzt, denk doch an später!"

Ich wünsch mir, dass ich ich sein darf und nicht so
wie ein „jeder".

Ich wünsch mir Lehrer mit Humor und solche, die gern lachen.

Dass ich nicht nur gescheit sein muss,
mal träumen darf im Wachen.

Frohe Gesichter um mich rum, die nicht im Alter rosten.

Bekomm die Wünsche ich erfüllt?

Wohl kaum, weil sie nichts kosten.

# Adventsgeschichte schreiben

Auftragskarte

**Das brauchst du:**

- Schreibpapier
- Stift

**So geht es:**

1. Wähle eine Überschrift aus.
2. Überlege dir eine Geschichte, die zur Überschrift passt.
3. Schreibe die Geschichte auf.
4. Lies sie in einer Leserunde oder bei der Weihnachtsfeier vor.

*Das verschwundene Wichtelgeschenk*

*Niko spielt den Nikolaus*

*Eine Adventsfeier mit Hindernissen*

*Ein Geschenk für den Hausmeister*

*Glatteis auf dem Schulhof*




# Mein Wunschzettel

Auftragskarte

**Das brauchst du:**

- Schreibpapier, Wörterbuch, Prospekte, Stifte, Schmuckblatt

**So geht es:**

1. Schreibe deinen Wunschzettel auf dem Schreibpapier vor.
2. Schreibe jedes Teil, das du dir wünschst, in eine neue Zeile.
3. Schlage alle Wörter im Wörterbuch nach oder schaue, wie sie in den Prospekten geschrieben werden.
4. Suche dir ein Partnerkind, das deine Rechtschreibung überprüft.
5. Gib den Wunschzettel deinem Lehrer für die letzte Rechtschreibkontrolle.
6. Schreibe deine Wünsche nun auf das Schmuckblatt und male es an.

12 | Weihnachts-Werkstatt – Klasse 3
© Verlag an der Ruhr | Autorinnen: Anke Hennig, Sabine Willmeroth | ISBN 978-3-8346-2605-9 | www.verlagruhr.de

# Mein Wunschzettel

Arbeitsblatt

# 24 gute Taten – Gedicht vortragen

Auftragskarte

**Das brauchst du:**

- ★ Gedicht „24 gute Taten“
- ★ Stifte

**Tipp**

Singt das Lied „24 gute Taten“. Das Gedicht wurde von Paul G. Walter vertont.

**So geht es:**

1. Lies das Gedicht zunächst leise für dich durch.
2. Lies das Gedicht nun einmal laut vor und überlege dir, welche Worte betont werden müssen. Unterstreiche sie.
3. Übe, das Gedicht gut betont vorzulesen. Sprich dabei langsam, deutlich und laut.
4. Trage das Gedicht vor.




# 24 gute Taten – Schreibaufgabe

Auftragskarte

**Das braucht ihr:**

- ★ Placemat mit Sammlung zu „guten Taten“
- ★ Stifte
- ★ Gedicht „24 gute Taten“

**So geht es:**

1. Lest das Gedicht.
2. Erstellt ein Placemat zu „guten Taten“.
3. Schreibt mithilfe eures Placemats eigene Strophen.
4. Tragt eure Strophen im Sitzkreis oder bei der Weihnachtsfeier vor.

14 | Weihnachts-Werkstatt – Klasse 3
© Verlag an der Ruhr | Autorinnen: Anke Hennig, Sabine Willmeroth | ISBN 978-3-8346-2605-9 | www.verlagruhr.de

# 24 gute Taten – Placemat

Auftragskarte

**Das braucht ihr:**

- 4 Kinder
- ein Placemat
- Stifte

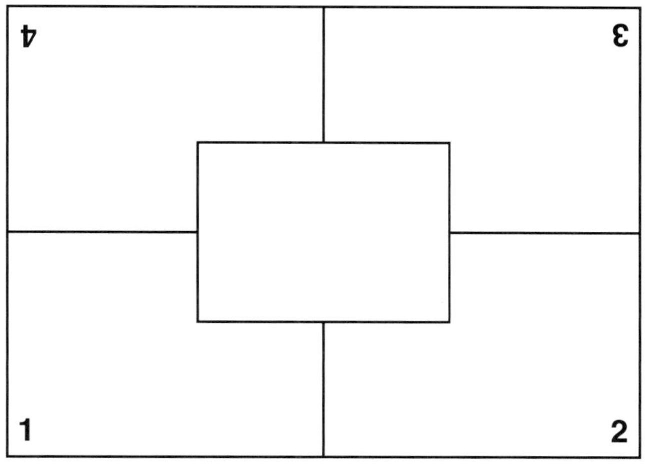


**So geht es:**

1. Setzt euch an einen Tisch und legt das Placemat in die Mitte.
2. Jeder hat jetzt ein Feld vor sich. Das Feld in der Mitte bleibt frei.
3. Ihr sammelt nun ca. 15 Minuten Ideen zum Thema „gute Taten“ und schreibt sie auf, jeder in sein Feld. Es ist wichtig, dass ihr nicht beim Nachbarn guckt, damit möglichst viele Ideen zusammenkommen. Vielleicht stellt ihr euer Mäppchen auf!
4. Nach 15 Minuten liest das erste Kind seine Ideen vor. Ein Kind schreibt sie in die Mitte in das freie Feld. Benutzt Aufzählungsstriche oder Punkte und schreibt die Ideen untereinander. Die anderen Kinder streichen in ihrem Feld durch, wenn sie die gleiche Idee hatten.
5. Wenn das erste Kind gelesen hat, liest das nächste Kind die noch nicht gestrichenen Ideen, ein anderes Kind schreibt in das mittlere Feld. So arbeitet ihr weiter, bis alle an der Reihe waren.
6. Schneidet nun eure Felder ab, sodass nur noch das mittlere Feld mit all euren Ideen übrig bleibt.
7. Nutzt die Ideen für die Schreibaufgabe „24 gute Taten“.

# 24 gute Taten – Placemat-Vorlage

Arbeitsblatt

3

2

4

1



© Verlag an der Ruhr | Autorinnen: Anke Hennig, Sabine Willmeroth | ISBN 978-3-8346-2605-9 | www.verlagruhr.de

# 24 gute Taten (1/2)

Gedicht von Elke Bräunling

24 gute Taten,
eine mindestens am Tag,
möcht ich bis zum Weihnachtsabend
für dich tun, weil ich dich mag.

Hände waschen,
an dich denken
und von meiner Zeit dir schenken.
Schwere Taschen für dich tragen
und dir ein Gedicht aufsagen.

Und eins, zwei, drei –
siehst du dich um,
ist schon eine Woche rum.

Schuhe putzen,
Freude zeigen,
wenn es sein muss,
auch mal schweigen,
nichts verschmutzen,
Abwasch machen
und mit dir ganz einfach lachen.

Und eins, zwei, drei –
siehst du es nicht,
brennt am Kranz das zweite Licht.

Ordnung machen,
artig bleiben
und 'ne gute Note schreiben,
mit dir lachen,
früh aufstehen
und mit Fifi Gassi gehen.

# 24 gute Taten (2/2)

Gedicht von Elke Bräunling

Und eins, zwei, drei
ist's nicht mehr weit,
schon beginnt die Weihnachtszeit.

Plätzchen backen,
Fenster schmücken
und dir Tannenzweige pflücken,
Päckchen packen,
Schrank aufräumen
und mit dir was Schönes träumen.

Und eins, zwei, drei, du glaubst es kaum,
stehn wir unterm Weihnachtsbaum.

Diesen Weihnachtswunschkalender
schenk ich dir zum Weihnachtstag.

24 gute Taten und noch mehr,
weil ich dich mag.

© Verlag an der Ruhr | Autorinnen: Anke Hennig, Sabine Willmeroth | ISBN 978-3-8346-2605-9 | www.verlagruhr.de

# Plätzchen, Plätzchen (1/2)

Auftragskarte

**Schreibe eine Vorgangsbeschreibung.**

**Das brauchst du:**

- Plätzchenrezept „Mandelhäufchen“ oder „Spritzgebäck“
- Schreibblatt
- Stifte

**So geht es:**

1. Schreibe auf, wie du die Plätzchen gebacken hast.
   Achte bei der Beschreibung darauf, unterschiedliche Satzanfänge zu verwenden.
   Diese Wörter können dir helfen:
   zuerst, dann, nun, danach, jetzt, als Nächstes, anschließend, zum Schluss
2. So kann dein Text beginnen:
   Zuerst habe ich das abgewogene Mehl in die Teigschüssel gesiebt.

**Tipp**

Wenn du die Plätzchen **nicht** selber gebacken hast, kannst du auch eine Anleitung in der „man-Form“ oder der „Befehlsform (Imperativ)“ schreiben.

So könnte dann dein Text beginnen:

**man-Form:**
Zuerst siebt **man** das abgewogene Mehl in die Teigschüssel.

**Befehlsform:**
**Siebe** zuerst das abgewogene Mehl in die Teigschüssel.

# Plätzchen, Plätzchen (2/2)

Auftragskarte

**Backt ein paar leckere Plätzchen.**

**Das braucht ihr:**

- ein Plätzchenrezept
- die dort genannten Zutaten und Geräte

**So geht es:**

Befolgt die Arbeitsanweisung im Rezept.

© Verlag an der Ruhr | Autorinnen: Anke Hennig, Sabine Willmeroth | ISBN 978-3-8346-2605-9 | www.verlagruhr.de

# Mandelhäufchen (70 Plätzchen)

Plätzchenrezept

**Zutaten:**

- 280 g Mehl, 70 g Zucker, 1 Eigelb, 250 g weiche Butter, 200 g Mandelstifte, Puderzucker

**Geräte:**

- Teigschüssel, Küchenwaage, Teelöffel, Backpapier, Backblech, Sieb, Wecker

**Zubereitung:**

Mehl, Zucker, Butter und Eigelb zu einem glatten Teig verkneten. Mandelstifte zum Schluss zugeben und vorsichtig unterkneten. Von dem Teig mit 2 Teelöffeln kleine Häufchen abnehmen und auf ein Backblech legen. Plätzchen hellgelb backen und nach dem Auskühlen mit Puderzucker bestäuben.

**Herdeinstellung:** Ober-/Unterhitze: 180 bis 200° C

**Backzeit:** 10 bis 15 Min. plus Vorheizen

20 | Weihnachts-Werkstatt – Klasse 3

© Verlag an der Ruhr | Autorinnen: Anke Hennig, Sabine Willmeroth | ISBN 978-3-8346-2605-9 | www.verlagruhr.de

# Ausstech-Plätzchen

Plätzchenrezept

**Zutaten:**

- 250 g Mehl, 85 g Zucker, 1 Päckchen Vanillezucker, 1 Fläschchen Butter-Vanille-Aroma, 175 g Butter

**Geräte:**

- Teigschüssel, Küchenwaage, Sieb, Nudelholz, Wecker, Ausstechförmchen, Pinsel, Backpapier, Backblech

**Zubereitung:**

1. Säubert die Tischplatte und wascht euch anschließend gründlich die Hände.
2. Wiegt das Mehl ab und siebt es anschließend in die Teigschüssel.
3. Wiegt die Butter ab und gebt sie, in kleine Stücke geschnitten, zum Mehl in die Schüssel.
4. Fügt den abgewogenen Zucker, den Vanillezucker sowie das Butter-Vanille-Aroma hinzu und verknetet alle Zutaten zu einem glatten Teig.
5. Streut ein wenig Mehl auf die gesäuberte Tischplatte.
6. Rollt den Teig mithilfe des Nudelholzes darauf aus und stecht die Plätzchen mit den Förmchen aus.
7. Legt die Plätzchen auf das mit Backpapier ausgelegte Backblech.
8. Heizt den Backofen vor und backt die Plätzchen bei 180 bis 200° C 15 bis 20 Minuten lang.
9. Spült das Backzubehör und räumt es wieder weg.

**Tipp**

Gestaltet eine Butterbrottüte aus Papier mit Bunt- oder Filzstiften. Legt einige eurer selbst gebackenen Plätzchen hinein und bindet die Tüte mit einem Geschenkband zu.

Jetzt habt ihr ein schönes selbst gemachtes Weihnachtsgeschenk oder etwas für den Verkauf auf einem Weihnachtsbasar.

# Spritzgebäck (ca. 50 Plätzchen)

Plätzchenrezept

**Zutaten:**

- 160 g Butter, 50 g Zucker, 50 g Puderzucker, 1 Päckchen Vanillezucker, 1 Prise Salz, 1 Eiweiß, 200 g Mehl

**Geräte:**

- Teigschüssel, Küchenwaage, Teelöffel, Backpapier, Spritzbeutel, Backblech, Sieb, Wecker

**Zubereitung:**

Butter schaumig schlagen. Zucker, Puderzucker, Vanillezucker und Salz nach und nach zufügen. Rühren, bis eine recht weiche Masse entsteht. Zuletzt das Eiweiß und das Mehl unterrühren. Den Teig in einen Spritzbeutel füllen und als Kreise auf Backbleche spritzen.

**Herdeinstellung:** Ober-/Unterhitze: 180 bis 200° C

**Backzeit:** 12 bis 15 Min. plus Vorheizen





22 | Weihnachts-Werkstatt – Klasse 3

© Verlag an der Ruhr | Autorinnen: Anke Hennig, Sabine Willmeroth | ISBN 978-3-8346-2605-9 | www.verlagruhr.de

# Tischlaterne „Geschenk“ gestalten

Auftragskarte

**Das brauchst du:**

- Schablonen für Geschenk und Schleife
- Tonpapier für die Geschenkbox
- Transparentpapier
- Tonpapier für die Schleife,
- Schere
- Klebestift
- Bleistift
- LED-Teelicht
- eventuell Glitzersteine oder Aufkleber

**So geht es:**

1. Zeichne das Geschenk mithilfe der Schablone auf das Tonpapier.
2. Zeichne die Schleife mithilfe der Schablone 4-mal auf das Tonpapier.
3. Schneide alle vorgezeichneten Teile aus (auch die Innenteile).
4. Klebe Transparentpapier hinter die Innenseite des Geschenkes und der Schleifen.
5. Du kannst die Schleifen noch mit Glitzersteinchen verzieren.
6. Klebe außen an jede Seite des Geschenks eine Schleife.
7. Knicke die Geschenkbox zu einer viereckigen Box und die Klebelasche nach hinten.
8. Klebe die Seiten zu einem viereckigen Geschenk zusammen.
9. Stelle das LED-Teelicht in die fertige Tischlaterne.

# Schablonen

Kopiervorlagen

**Bitte auf DIN A3 vergrößern!**

# Gutscheine als Geschenk gestalten

Arbeitsblatt

**Als Weihnachtsgeschenk für deine Eltern oder Großeltern kannst du Gutscheine für kleine Erledigungen im Haushalt schreiben. Diese kann deine Familie dann nach Belieben einlösen und du erledigst dein Geschenk ganz freiwillig und ohne Murren.**

**Das brauchst du:**

- Vorlage für Gutscheine in der Anzahl, die du verschenken willst
- Umschlag
- Stifte

**So geht es:**

1. Überlege dir, welche Arbeiten du im Haushalt für deine Eltern oder Großeltern erledigen könntest.
2. Schreibe für jede Arbeit einen neuen Gutschein. Du kannst manche Arbeiten auch mehrmals verschenken.
3. Sicher hast du noch viele eigene Ideen.
4. Wenn du genug Gutscheine geschrieben hast, male sie schön an und stecke sie in einen Briefumschlag.
5. Schreibe auf den Briefumschlag, wem du die Gutscheine schenken willst. Du kannst den Umschlag noch schön verzieren.

**Tipp**

Folgende Ideen können dir helfen:

- Spülmaschine ausräumen
- Müll rausbringen
- Zimmer aufräumen
- Staub saugen
- Schuhe sauber machen
- Staub wischen
- Haustier versorgen
- Haustierkäfig sauber machen
- Schrank oder Regal sortieren
- Tisch decken und abdecken

# Gutscheine

Kopiervorlage

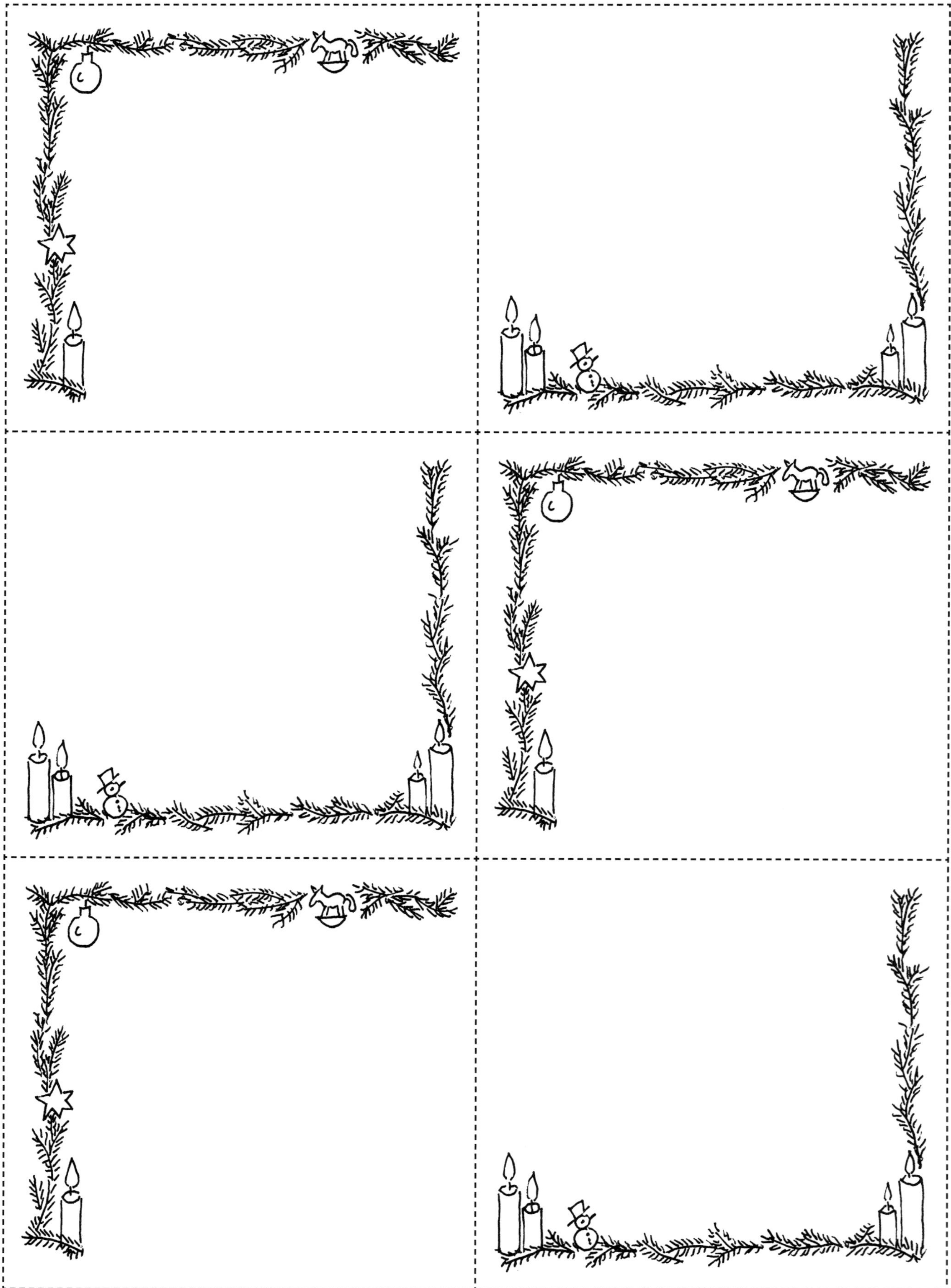


 ISBN 978-3-8346-2605-9 | www.verlagruhr.de

# Friederichs Weihnachtsbescherung

Auftragskarte

**Das braucht ihr:**

- 9 Schauspieler
- Rollenkarten: Mutter, Vater, Oma, Opa, Tante, Onkel, Patentante, Patenonkel, Friederich
- 9 Wäscheklammern
- Textkarten „Friederichs Weihnachtsbescherung“
- folgende Geschenke, möglichst groß: Stoffbär, Computer, Möbelstück, Panzer, Pralinenschachtel, Schlitten, Geldschein, Armbanduhr

**So geht es:**

1. Lest euch das Rollenspiel gut durch.
2. Verteilt die Rollen und steckt jedem Kind seine Rollenkarte an.
3. Besorgt die Requisiten (Geschenke).
4. Übt das Spiel mit Textblatt.
5. Führt das Rollenspiel der Klasse vor. Lasst euch beraten, was ihr verbessern könnt und was schon gut ist.
6. Spielt das Rollenspiel einer anderen Klasse oder bei eurer Weihnachtsfeier vor.

**Tipp**

Ihr könnt einige dieser Geschenke aus Pappe selber basteln – je größer sie sind, desto besser wirkt das ganze Rollenspiel.

# Friederichs Weihnachtsbescherung (1/2)

Gedicht von Gudrun Pausewang

**Mutter:** Frohe Weihnacht, Friederich!
Hier ist ein Geschenk für dich:
Da – ein Schurwoll-Schmusebär,
Lebensgröße ungefähr.
Tränen? Weil du mehr verlangst?

**Kind:** Behalte ihn – er macht mir Angst!

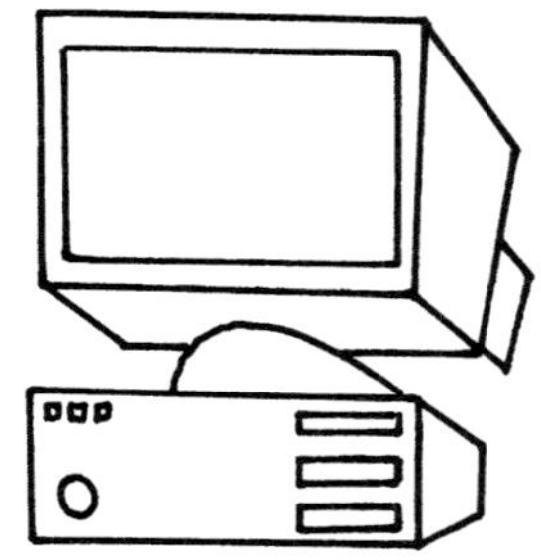

**Vater:** Frohe Weihnacht, Friederich!
Hier ist ein Geschenk für dich:
Ein Computer! Nicht der kleinste –
nein der teuerste und feinste …
Junge, gelt, da bist du platt!

**Kind:** Ich hab's Computerspielen satt!

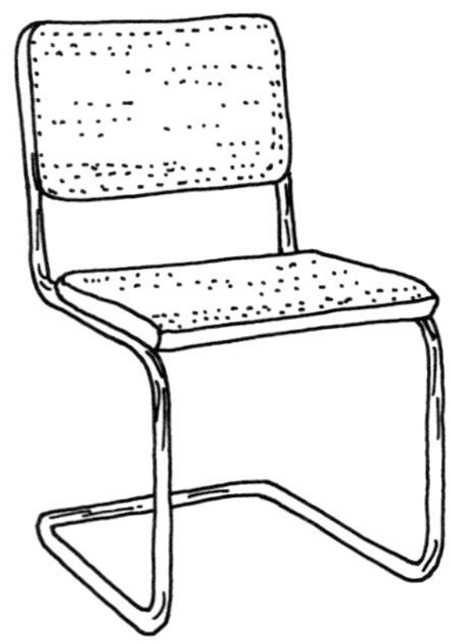

**Oma:** Frohe Weihnacht, Friederich!
Hier ist ein Geschenk für dich:
Neue Möbel für dein Zimmer.
Neue Möbel braucht man immer!
Wie? Du willst sie nicht? Sei klug!

**Kind:** Die alten sind noch gut genug!

**Opa:** Frohe Weihnacht, Friederich!
Hier ist ein Geschenk für dich:
Wetten, dass er dir gefällt,
dieser Panzer … super, gelt?
Im Spielzeugladen letzter Hit!

**Kind:** Ach bitte – nimm ihn wieder mit!

**Tante:** Frohe Weihnacht, Friederich!
Hier ist ein Geschenk für dich:
Eine teure, fünf Pfund schwere
Super-Riesenbonbonniere! –
Ist dir daran was nicht recht?

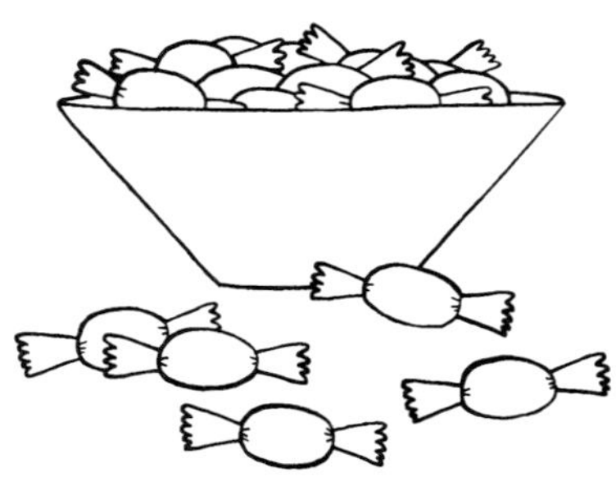

**Kind:** Ich bin so satt –
mit ist schon schlecht!

# Friederichs Weihnachtsbescherung (2/2)

Gedicht von Gudrun Pausewang

**Onkel:** Frohe Weihnacht, Friederich!
Hier ist ein Geschenk für dich:
Schau, ein Schlitten – setz dich drauf!
Ein ganz teurer. Der fällt auf.
Freu dich doch! – Nanu – Geschrei?

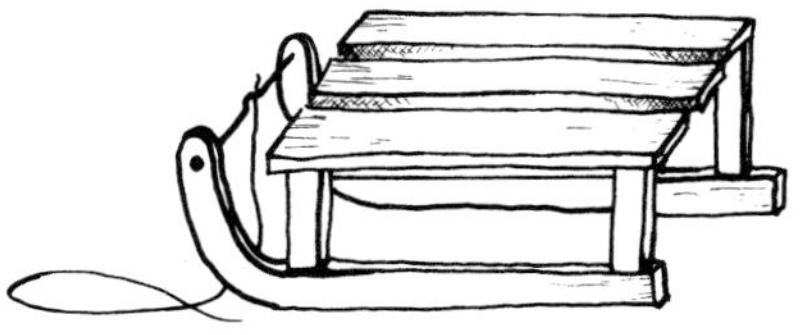

**Kind:** Ich will ihn nicht, ich hab schon drei!

**Patenonkel:** Frohe Weihnacht, Friederich!
Hier ist ein Geschenk für dich:
Schau, ein Geldschein – und kein kleiner.
Rate mal – was ist's für einer?
Was machst du denn für ein Gesicht?

**Kind:** Behalte ihn – ich brauch ihn nicht!

**Patentante:** Frohe Weihnacht, Friederich!
Hier ist ein Geschenk für dich:
Eine Armbanduhr, 'ne feine.
Rolex. – Was? Du willst gar keine?
Nichts ist dir recht. Das geht zu weit!

**Kind:** Ich will euch selber – euch mit Zeit!
Ich will, dass ihr Memory mit mir spielt,
mit mir ganz lang im Sandkasten wühlt,
mir vorlest und von früher erzählt,
mit mir viele Nüsse knackt und schält,
Musik mithört und mit mir singt,
und immer, immer Zeit mitbringt.
Ich wünsch mir Drachensteigen mit euch,
Versteckspiel in Gestrüpp und Gesträuch,
und Zeit, mit euch zu fantasieren,
zu wandern, schmusen
und Herzklopfen-spüren.
*(zu den acht Erwachsenen)* Ihr alle hier,
*(zum Publikum)* ihr alle hier,
habt Zeit für mich!
**Das** wünsch ich mir!

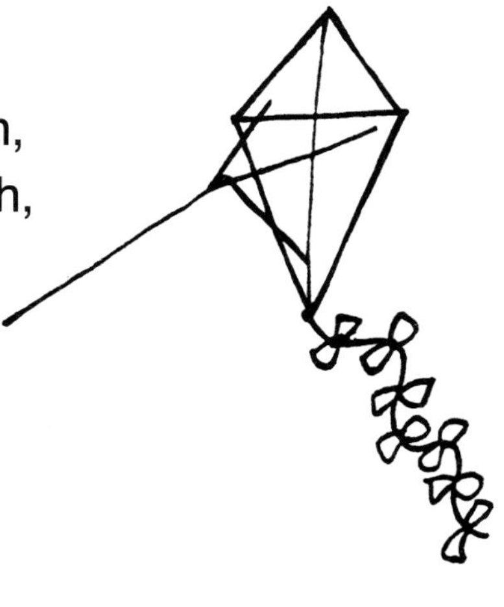

# Weihnachtszeit

Arbeitsblatt

**So geht es:**

1. Lest den Text.
2. Malt ein passendes Bild zum Lied.
3. Lest euch den Text gegenseitig gut betont vor.
4. Lest den Text mehrmals gemeinsam laut vor.
5. Lernt den Text auswendig und tragt ihn vor.
6. Singt das Lied gemeinsam.

## Weihnachtszeit, Weihnachtszeit

macht zum Schenken uns bereit.
Alle Herzen werden weit
du schöne Weihnachtszeit.

Ich packe in Geschenkpapier
die allerschönsten Sachen.
Denn dieses Päckchen ist für dich,
es soll dir Freude machen.
Ich binde eine Schleife drum
und klebe bunte Sterne,
dann schreib ich auf das Päckchen drauf:
Ich habe dich so gerne!

Und endlich ist es Weihnachten,
man hört nur frohes Singen.
Mein Päckchen gebe ich dir jetzt,
es soll dir Freude bringen.
Du öffnest es und schaust hinein,
bestaunst die schönen Sachen.
Dann nimmst du mich in deinen Arm,
schenkst mir dein schönstes Lachen.

Text: Detlef Jöcker 

# Weihnachtsbräuche

Gruppenpuzzle: Teilnehmerliste

| | A<br>Wer war<br>Sankt Nikolaus? | B<br>Wer ist der<br>Weihnachtsmann? | C<br>Rund um<br>die Geschenke |
|---|---|---|---|
| **Stammgruppe 1** | 1. | 1. | 1. |
| **Stammgruppe 2** | 2. | 2. | 2. |
| **Stammgruppe 3** | 3. | 3. | 3. |
| **Stammgruppe 4** | 4. | 4. | 4. |
| **Stammgruppe 5** | 5. | 5. | 5. |
| | ***Experten A*** | ***Experten B*** | ***Experten C*** |



# Weihnachtsbräuche

Auftragskarte

**So geht es:**

1. Wähle zuerst ein Arbeitsgebiet aus und trage dich in die Liste ein.
2. Bearbeite die Materialien, die zu deinem Arbeitsgebiet gehören, in Einzelarbeit.
3. Triff dich danach mit den Kindern, die auch dein Arbeitsgebiet gewählt haben, in einer Expertengruppe.
4. Bearbeitet gemeinsam die Expertenaufgabe.
5. Trefft euch nun mit eurer Stammgruppe und informiert die anderen Kinder über euer Arbeitsgebiet.
6. Bearbeite zum Schluss allein den Abschluss-Test und beweise, dass du nun alle drei Arbeitsgebiete beherrschst.

© Verlag an der Ruhr | Autorinnen: Anke Hennig, Sabine Willmeroth | ISBN 978-3-8346-2605-9 | www.verlagruhr.de
Weihnachts-Werkstatt – Klasse 3 | 31

# A – Wer war Sankt Nikolaus? (1/2)

Arbeitsblatt

**Einzelarbeit:**

1. Lies den Text.
2. Markiere wichtige Informationen.
3. Schreibe deine Fragen auf, wenn du etwas nicht verstanden hast.

## Wer war Sankt Nikolaus, der auch der heilige Nikolaus genannt wird?

Mit völliger Sicherheit lässt sich das heute nicht mehr sagen, denn es gab zwei Bischöfe mit dem Namen Nikolaus. Da wäre der Nikolaus von Myra und der Nikolaus von Pinara.

Wir wissen nur sehr wenig über das Leben der beiden Bischöfe mit dem Namen Nikolaus. Im „heiligen Nikolaus", den wir heute noch verehren und feiern, sind diese beiden Bischöfe wahrscheinlich im Laufe der Zeit zu einer Person zusammengewachsen. Sein Name bedeutet übersetzt „Sieger über das Volk" oder „Sieger aus dem Volk".

In vielen Legenden über den Nikolaus wird von der Freundlichkeit und Hilfsbereitschaft des Heiligen erzählt. Er hat Not leidenden Menschen geholfen und seinen eigenen Besitz verschenkt. Nikolaus hat sich damit so verhalten, wie Jesus Christus es vorgelebt hat. Er ist dem Beispiel von ihm gefolgt und hat sich in seinem Leben besonders christlich verhalten.

## Nikolaus von Myra

Im 4. Jahrhundert nach Christus gab es in Myra einen Bischof namens Nikolaus. Myra lag damals in der römischen Provinz Lykien. Die Stadt hatte damals einen bedeutsamen Handelshafen und war darum für das Römische Reich sehr wichtig. Heute liegt das damalige Myra in Westanatolien und heißt Demre.

Wann genau der Bischof Nikolaus geboren wurde, ist nicht bekannt. Vermutlich wurde er jedoch zwischen 280 und 286 nach Christus in Patara geboren.

# A – Wer war Sankt Nikolaus? (2/2)

Arbeitsblatt

Das Todesjahr des Nikolaus von Myra ist ebenfalls umstritten. Er soll jedoch an einem 6. Dezember zwischen 343 und 351 gestorben sein. Der 6. Dezember, der mögliche Todestag, wird noch heute als Nikolaustag gefeiert.

## Nikolaus von Pinara

Im 6. Jahrhundert nach Christus hat es in Pinara einen Bischof mit dem Namen Nikolaus gegeben. Pinara lag damals wie Myra in der römischen Provinz Lykien. Dieser Nikolaus war wahrscheinlich der Abt des Klosters Sion. Über das Leben des Bischofs ist sehr wenig bekannt. Allerdings kennt man seinen Todestag. Er ist am 10. Dezember 564 gestorben.

## So sieht ein katholischer Bischof aus

Zur Ausstattung eines katholischen Bischofs, der eine Messe feiert, gehört das lange Bischofsgewand und ein Bischofsstab, der an einen Hirtenstab erinnert. Der Bischof ist der Hirte über die Herde seiner Gläubigen. Der Bischofsstab erinnert an die Bibelstelle, an der Jesus sagt: „Ich bin der gute Hirte! Ich kenne die Meinen und die Meinen kennen mich. Ich gebe mein Leben für meine Schafe.“ (nach Johannes 10,11–15). Bei feierlichen Messen trägt der Bischof die Mitra auf seinem Kopf, einen besonderen Kopfschmuck.
Da Sankt Nikolaus uns als Bischof bekannt ist, sehen die meisten Zeichnungen und Kostüme daher einem Bischofsgewand sehr ähnlich.

**Expertenaufgabe:**

1. Klärt zunächst offene Fragen und fasst die wichtigsten Inhalte zusammen.
2. Erstellt ein Plakat zu eurem Arbeitsgebiet und haltet einen kleinen Vortrag.
3. Überlegt euch Quizfragen, die ihr euren Mitschülern stellen könnt.

# B – Wer ist der Weihnachtsmann? (1/2)

Arbeitsblatt

**Einzelarbeit:**

1. Lies den Text.
2. Markiere wichtige Informationen.
3. Schreibe deine Fragen auf,
   wenn du etwas nicht verstanden hast.

## Der Weihnachtsmann

Der Nikolaus wird häufig auch als Weihnachtsmann bezeichnet. Manchmal wird er jedoch auch als ganz eigene Figur neben dem Nikolaus gesehen oder als Ersatz für das Christkind.

Der Weihnachtsmann ist eine neuere Figur, die sich aus Sankt Nikolaus weiterentwickelt hat. Lange wurde der heilige Nikolaus sehr verehrt und sein Tag mit Geschenken für die Kinder gefeiert.

Mit der Reformation durch Martin Luther wurde die Kirche in zwei Lager gespalten, in die katholischen und die evangelischen Christen.

Auf der evangelischen Seite wurde die Heiligenverehrung und damit der heilige Nikolaus abgeschafft. Die evangelischen Kinder wurden seitdem vom heiligen Christ oder dem Christkind am 24./25. Dezember beschenkt.

Im 19. Jahrhundert wanderten viele Menschen nach Amerika aus, um dort ein besseres Leben zu finden. Dort bekam der Nikolaus den Namen „Santa Claus“ (= heiliger Klaus). Santa Claus vermischte sich mit der Figur des „Väterchen Frost“.

Aus dem Bischof wurde so immer mehr die Figur eines freundlichen Großvaters mit dickem Bauch, der statt des Bischofsgewandes einen warmen Mantel und eine Pudelmütze mit Pelzbesatz trägt. Er wurde schließlich „Father Christmas“ (= Vater Weihnacht) genannt.

# B – Wer ist der Weihnachtsmann? (2/2)

Infotext und Bild

**So wird der Weihnachtsmann heute dargestellt:**

Fast jeder würde den Weihnachtsmann heutzutage so beschreiben:

Er ist ein alter, etwas übergewichtiger Mann mit weißem Rauschebart. Als Kleidung trägt er einen roten Anzug mit weißem Pelz. Er trägt Stiefel, einen breiten Gürtel und eine Art Pudelmütze auf dem Kopf.

Die für den Weihnachtsmann so typischen Farben Rot und Weiß haben sich vor gar nicht langer Zeit durchgesetzt. 1932 nutzte die amerikanische Firma „Coca Cola“ die Figur des Weihnachtsmanns für ihre Werbung in ihren Markenfarben Rot und Weiß. Die Firma war mit ihrer Werbeaktion so erfolgreich, dass heutzutage fast überall auf der Welt der Weihnachtsmann mit den Farben Rot und Weiß in Zusammenhang gebracht wird.

Denn nicht nur in der Werbung, auch in Kinderbüchern, Filmen und als Schokoladenfiguren begegnen wir ihm in dieser Farbkombination.

**Expertenaufgabe:**

1. Klärt zunächst offene Fragen und fasst die wichtigsten Inhalte zusammen.
2. Erstellt ein Plakat zu eurem Arbeitsgebiet und haltet einen kleinen Vortrag.
3. Überlegt euch Quizfragen, die ihr euren Mitschülern stellen könnt.

# C – Rund um die Geschenke (1/2)

Arbeitsblatt

**Einzelarbeit:**

1. Lies den Text.
2. Markiere wichtige Informationen.
3. Fülle die Tabelle mithilfe des Infotextes aus.

| Zeit | Tag der Geschenke | Festtag oder Person |
|---|---|---|
| | | |
| | | |
| | | |
| | | |
| | | |

4. Schreibe deine Fragen auf, wenn du etwas nicht verstanden hast.

## Die Veränderung der Geschenktage

Heute bekommen die meisten Kinder in Deutschland am Nikolaustag und zu Weihnachten Geschenke. Das war nicht immer so und hat sich im Lauf der Zeit mehrfach geändert.

Im frühen Mittelalter, im Jahr 500 bekamen die Kinder am 28. Dezember, dem „Fest der Unschuldigen Kinder" Geschenke.

Im 13. Jahrhundert wurde der heilige Nikolaus sehr verehrt. Da er auch der Schutzpatron der Kinder war, verlegte man das Beschenken der Kinder auf den 6. Dezember, den Nikolaustag.

Damals waren die meisten Menschen arm. Papier war sehr teuer und wurde nur zum Schreiben benutzt. Man lebte in sehr ärmlichen Verhältnissen und besaß oft nur wenige Kleider.

In der Winterzeit wurden nachts daher das nasse Paar Strümpfe und Schuhe vom Tag vor dem Kamin oder dem Herdfeuer in der Küche zum Trocknen aufgehängt. Am nächsten Morgen konnte

# C – Rund um die Geschenke (2/2)

Arbeitsblatt

man sie dann wieder anziehen. Strümpfe und Schuhe waren oft die einzigen persönlichen Gegenstände der Kinder, deshalb legte man ihnen das kleine Geschenk, z. B. ein aus Holz geschnitztes Tier, dort hinein.

Im 16. Jahrhundert wurde mit der Reformation durch Martin Luther die Kirche in zwei Lager, die katholischen und die evangelischen Christen gespalten. Auf der evangelischen Seite wurde die Heiligenverehrung und damit der heilige Nikolaus abgeschafft. Die evangelischen Kinder wurden nun vom heiligen Christ oder dem Christkind am 24. / 25. Dezember beschenkt.

Drei Jahrhunderte später, im 19. Jahrhundert, wanderten viele Menschen nach Amerika aus, um dort ein besseres Leben zu finden. Dort bekam der Nikolaus den Namen „Santa Claus" (= heiliger Klaus). Er brachte weiter die Geschenke, aber nur in der Nacht zum 25. Dezember.

Während die katholischen und die evangelischen Kinder früher zu getrennten Zeiten beschenkt wurden, bekommen die Kinder heute an beiden Tagen Geschenke, einmal vom „Nikolaus" und einmal vom „Christkind" oder „Weihnachtsmann".

**Expertenaufgabe:**

1. Klärt zunächst offene Fragen und fasst die wichtigsten Inhalte zusammen.
2. Erstellt ein Plakat zu eurem Arbeitsgebiet und haltet einen kleinen Vortrag.
3. Überlegt euch Quizfragen, die ihr euren Mitschülern stellen könnt.

# Abschluss-Test (1/2)

Arbeitsblatt

**Name** ..................................................................................... **Datum** ........................................

**Mein Arbeitsgebiet war:**

...........................................................................................................................

## Arbeitsgebiet A

**1.** Wann feiern wir jedes Jahr den heiligen Nikolaus?

...........................................................................................................................

**2.** In welchen beiden Städten hat es einen Bischof namens Nikolaus gegeben?

...........................................................................................................................

**3.** Wie hieß die römische Provinz, zu der diese Städte gehörten?

...........................................................................................................................

**4.** In welchem Land liegt diese Provinz heute?

...........................................................................................................................

**5.** Woran erinnert der Bischofsstab?

...........................................................................................................................

...........................................................................................................................

...........................................................................................................................

# Abschluss-Test (2/2)

Arbeitsblatt

## Arbeitsgebiet B

**1.** Wodurch wurde die Kirche in zwei Lager gespalten?

**2.** Was wurde auf der evangelischen Seite abgeschafft?

**3.** Welche Kleidung trägt der Weihnachtsmann?

**4.** Welche Farben trägt der Weihnachtsmann und warum?

**5.** Wie heißt der Weihnachtsmann heute in Amerika?

## Arbeitsgebiet C

**1.** Wann bekommen die meisten Kinder heute Geschenke?

**2.** An welchem Festtag wurden die Kinder im Mittelalter beschenkt?

**3.** An welchem Festtag wurden die Kinder im 13. Jahrhundert beschenkt?

**4.** Warum wurden die Geschenke früher nicht in Geschenkpapier eingepackt?

**5.** Warum wurden die Geschenke früher in die Schuhe gesteckt?

# Wer wünscht sich was? Logical

Arbeitsblatt

| |  |  |  |
|---|---|---|---|
| Welche Farbe haben die Schleifen? | | | |
| Was ist verpackt? | | | |
| Wer wünscht sich das Geschenk? | | | |

**Wer wünscht sich welches Geschenk?**
**Wie sind die Geschenke verpackt? Was ist in den Paketen?**
**Lies genau und fülle die Tabelle richtig aus.**

1. Leon bekommt das größte Geschenk.
2. In dem kleinen Schmuckkästchen ist ein Ring.
3. Leons Schleife hat seine Lieblingsfarbe Rot.
4. Luise bekommt nicht das größte und nicht das kleinste Geschenk.
5. Luise wünscht sich kein Fahrrad.
6. Der Ring ist mit einer blauen Schleife eingepackt.
7. Alinas Lieblingsfarbe ist Blau.
8. Das Handy ist mit einer grünen Schleife eingepackt.

**Wer bekommt das Geschenk mit der roten Schleife?**

..............................................................................................................................

# Wer wünscht sich was? Logical

Arbeitsblatt

| |  |  |  |
|---|---|---|---|
| Welche Farbe haben die Schleifen? | | | |
| Was ist verpackt? | | | |
| Wer wünscht sich das Geschenk? | | | |

**Wer wünscht sich welches Geschenk?**
**Wie sind die Geschenke verpackt? Was ist in den Paketen?**
**Lies genau und fülle die Tabelle richtig aus.**

1. Leon bekommt das größte Geschenk.
2. In dem kleinen Schmuckkästchen ist ein Ring.
3. Luise bekommt nicht das größte und nicht das kleinste Geschenk.
4. Alinas Lieblingsfarbe ist Blau.
5. Luise mag kein Rot.
6. Das Handy ist mit einer grünen Schleife eingepackt.

**Wer bekommt das Geschenk mit der roten Schleife?**

....................................................................................................

# Weihnachtswünsche einer Klasse

Arbeitsblatt

**So geht es:**

1. Schaue dir die Abbildung an. Man nennt sie Säulendiagramm. In diesem Diagramm kannst du ablesen, welche Wünsche die 28 Kinder einer Klasse zu Weihnachten haben.
2. Beantworte die Fragen mithilfe des Diagramms.

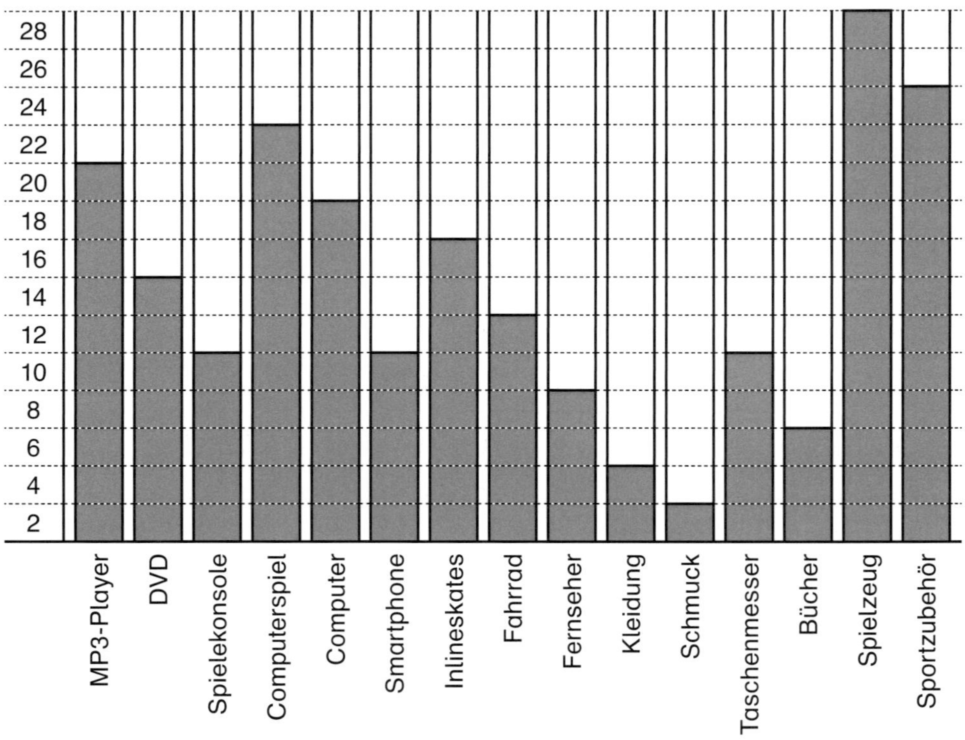


1. Wie viele Kinder wünschen sich Inlineskates? ..........
2. Wie viele Kinder wünschen sich ein Fahrrad? ..........
3. Welches Geschenk wünschen sich die meisten Kinder? ..........
4. Welches Geschenk wünschen sich die wenigsten Kinder? ..........
5. Welche Geschenke werden von gleich vielen Kindern gewünscht?

   ..........

6. Wie viele Kinder wünschen sich eine Spielekonsole? ..........
7. Welches Geschenk wird doppelt so oft gewünscht wie eine Spielekonsole? ..........
8. Welches Geschenk wird halb so oft gewünscht wie Sportzubehör? ..........

# Bezahlbare Wünsche!?

Arbeitsblatt

**Das brauchst du:**

- ★ Wunschzettel mit deinen Weihnachtswünschen
- ★ Kataloge, Prospekte oder einen Computer mit Internetanschluss

**So geht es:**

1. Übertrage deine Wünsche vom Wunschzettel in die Tabelle. Finde in Katalogen, Prospekten oder im Internet zu jedem deiner Weihnachtswünsche den aktuellen Preis heraus und trage ihn in die Tabelle ein.
2. Berechne den Gesamtpreis deiner Wünsche.
3. Wirst du alle Wünsche erfüllt bekommen? Schreibe deine Antwort unter die Tabelle und begründe sie.
4. Wenn deine Geschenke insgesamt nicht teurer als 100 Euro sein dürften, für welche deiner Wünsche entscheidest du dich? Markiere sie in der Tabelle.

| **Weihnachtswunsch** | **aktueller Preis** |
|---|---|
| | |
| | |
| | |
| | |
| | |
| | |

**Gesamtpreis** ..............................

..............................................................................

..............................................................................

# Kosten für Plätzchen berechnen (1/2)

Auftragskarte

**Das braucht ihr:**

* Mathematikheft oder Werkstattheft
* Rezept „Ausstech-Plätzchen“

**So geht es:**

1. Findet heraus, in welchen Verpackungsgrößen die Zutaten für die Ausstech-Plätzchen üblicherweise verkauft werden und was diese aktuell kosten. Erstellt eine Liste:

| **Zutaten** | **typische Verpackungsgröße** | **aktueller Preis** |
|---|---|---|
| Mehl | 1000 g | |

2. Berechnet, was die Zutaten in den üblichen Verpackungsgrößen insgesamt kosten, denn so viel Geld müsstet ihr beim Einkaufen mitnehmen.
3. Berechnet mithilfe eurer Liste von Aufgabe 1, was die Zutaten in der Menge, die ihr für das Rezept benötigt, kosten. Erstellt auch hier eine Liste. Schreibt so:

| **Zutatenmenge für Ausstech-Plätzchen** | **aktueller Preis** |
|---|---|
| 250 g Mehl | |

Bei Schwierigkeiten könnt ihr eine Tippkarte zu Hilfe nehmen.

4. Berechnet den Gesamtpreis der Zutaten in der Menge, die ihr für die Ausstech-Plätzchen benötigt, denn so viel kosten eure selbst gebackenen Plätzchen.

# Kosten für Plätzchen berechnen (2/2)

Tippkarten

**Tipp 1**

Überlegt, mit welchen Mal- oder Geteilt-Aufgaben ihr von der typischen Verpackungsgröße auf die Zutatenmenge der Ausstech-Plätzchen kommt.

**Tipp 2**

Benutzt den zweiten Teil der Rechnung, mit der ihr von der typischen Verpackungsgröße auf die Zutatenmenge der Ausstech-Plätzchen gekommen seid, auch für den Preis.

**Tipp 3**

Wandelt den Preis, der in Euro und Cent angegeben ist, in Cent um. Rechnet dann. Wandelt den Preis anschließend wieder in Euro und Cent zurück um.

**Tipp 4**

Bei Butter und Zucker müsst ihr in 2 Schritten rechnen: zuerst geteilt und dann mal.

**Tipp 5**

Mit diesen Rechenschritten kommt ihr auf die kleinere Zutatenmenge:

| | | |
|---|---|---|
| → 1 000 g Mehl | **: 4** | 250 g Mehl |
| → 1 000 g Zucker | **: 200, dann • 17** | 85 g Zucker |
| → 250 g Butter | **: 10, dann • 7** | 175 g Butter |
| → 5 Päckchen Vanillezucker | **: 5** | 1 Päckchen Vanillezucker |
| → 1 Fläschchen Aroma | **keine Änderung** | 1 Fläschchen Aroma |

 ISBN 978-3-8346-2605-9 | www.verlagruhr.de

# Teigmengen berechnen

Auftragskarte

**Das brauchst du:**

- ★ Mathematikheft oder Werkstattheft
- ★ Rezepte „Spritzgebäck“ und „Mandelhäufchen“

**So geht es:**

1. Lies die beiden Rezepte sehr gut durch.
2. Rechne die Zutatenlisten in deinem Mathematikheft oder Werkstattheft um: Spritzgebäck-Rezept für 100 und 150 Plätzchen Mandelhäufchen-Rezept für 35 Plätzchen




# Ein Pocketbook gestalten

Arbeitsblatt

**Das brauchst du:**

- ★ Anleitung zum Falten eines Pocketbooks
- ★ Pocketbook „Father Christmas“
- ★ Schere und Stifte

**So geht es:**

1. Schaue dir die Anleitung zum Falten des Pocketbooks an.
2. Falte das Pocketbook „Father Christmas“ nach dieser Anleitung.
3. Wenn du Hilfe benötigst, frage einen Mitschüler.
4. Male zu den kleinen Sätzen im Pocketbook ein passendes Bild.
5. Gestalte selber weitere Pocketbooks mit anderen englischen Sätzen.


© Verlag an der Ruhr | Autorinnen: Anke Hennig, Sabine Willmeroth | ISBN 978-3-8346-2605-9 | www.verlagruhr.de

# Ein Pocketbook falten

Anleitung

1. Schneide das Büchlein entlang der gestrichelten Linie aus. Lege das Blatt mit der bedruckten Seite nach unten quer vor dich hin. Falte das Blatt in der Mitte. Lege dazu die rechte Kante auf die linke.
2. Drehe das Blatt wieder ins Querformat, mit der Öffnung nach unten. Falte es wieder in der Mitte, mit der rechten Kante auf die linke.
3. Falte das Blatt einmal wieder auf, die Öffnung ist immer noch unten.
4. Falte nun die Oberkante auf die Unterkante. Klappe dann das Blatt wieder ganz auf und lege es im Querformat vor dich hin.
5. Falte nun die Oberkante auf die Unterkante. Falte die Felder zu einer Zickzacklinie.
6. Falte das Blatt wieder auf, sodass 8 senkrechte Felder zu sehen sind. Die bedruckte Seite ist wieder unten.
7. Falte den linken Seitenrand auf den rechten. Schneide die Falte in der Mitte entlang der gestrichelten Linie ein.
8. Falte das Blatt mit der bedruckten Seite nach unten auf.
9. Falte den oberen Seitenrand auf den unteren.
10. Schiebe beide Seitenränder gegeneinander, sodass sich in der Mitte ein Viereck öffnet.
12. Schiebe die Seitenränder weiter zur Mitte, bis die Oberkanten ein Kreuz bilden.
13. Nimm 2 angrenzende Seiten und falte sie so um, dass die anderen innen liegen und das Titelbild obenauf liegt.

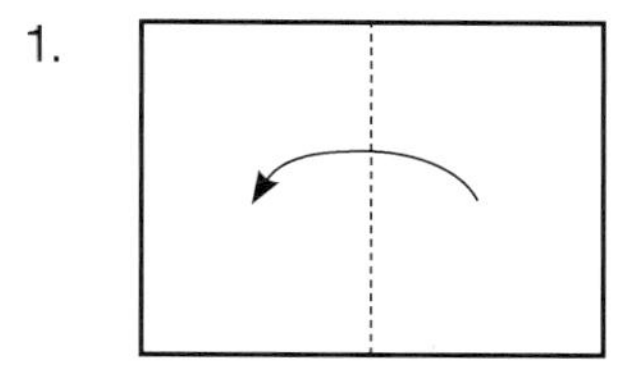


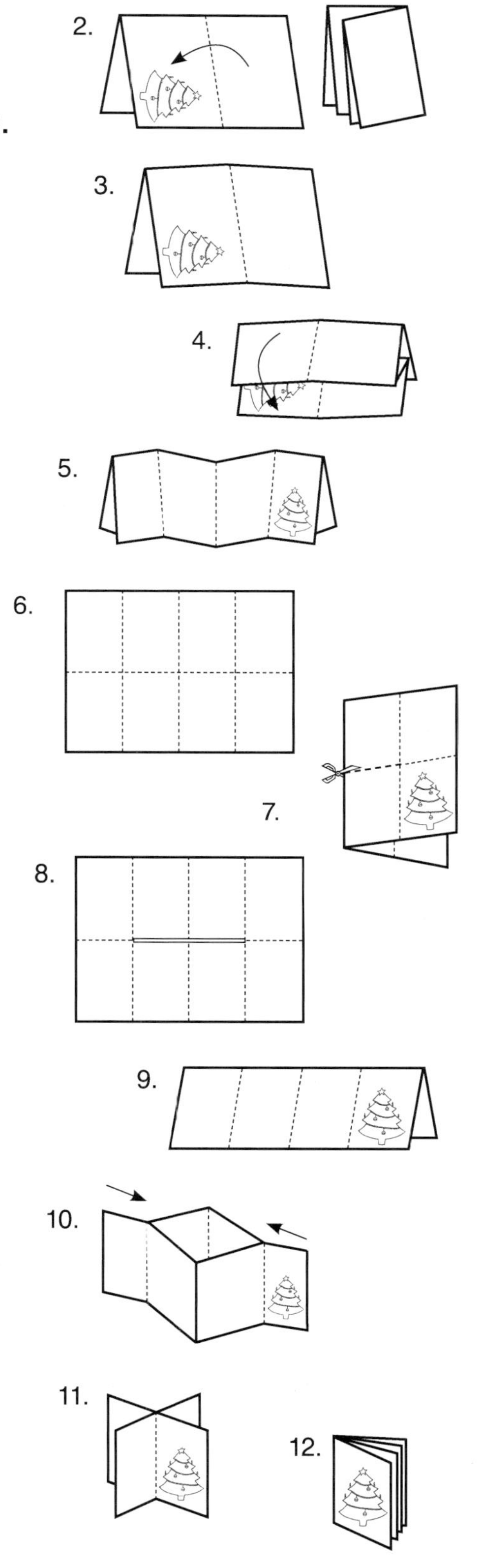

# Pocketbook „Father Christmas“

Arbeitsblatt

Father Christmas

“Hello, Father Christmas!“ “Hello, Rudolph!”

The presents are for the boys and girls.

This is Rudolph. Rudolph is a reindeer.

The presents are on the sleigh.

This is the sleigh.

Here are the presents.

This is Father Christmas.